눈 속의 바람꽃

눈 속의 바람꽃

김 보 웅 시집

빛남출판사

• 시인의 말

맑은 하늘
하얀 구름과 같은 꽃이 되고 싶어
서예와 음악을 하며 세월에 묻히다 보니
세월도 비켜가고 있는 듯한 느낌에
또 시를 쓰겠다고 나섰다

팔순이 지난 나이에 라고
핀잔도 받았지만
내 안에 싹트고 있는 씨앗들이
詩作의 문을 두드렸다

원석도 갈고 다듬어야 보석이 되듯
쓰고 지우고 고치고 다듬어서
작품이 완성될 때의
그 기분은

늙음이 쉬어가는 삶의 처방전이었다

김보웅

시인의 말 • 5

1부

갈마산 • 13
세월의 틈새에서 • 14
억새꽃 • 16
목련 • 17
이럴 때도, 그냥 • 18
옥련암 • 20
바람 소리 • 21
포구 • 22
소주 • 23
부지깽이 • 24
향천鄕天 • 25
파도 소리 • 26
봄비 • 27
기다림 • 28
울타리 • 30
황혼이 질 때면 • 32
귀경길 • 33
일요일 • 34
밤열차 • 36

2부

오시게장 • 41
바다 우편함 • 42
가로등 • 44
아코디언 • 45
고갯길 • 46
해변의 몽돌 • 47
청사진 • 48
기장시장 • 49
늙으면 천사가 되나 • 50
결실 • 52
보금자리 • 54
무질서 • 55
가야 할 길 • 56
귀락헌歸樂軒 • 58
낙엽의 한마디 • 59
겨울비 • 60
황혼녘 • 61
그리움 • 62
비타민 • 64

3부

해맞이 • 67
부부 • 68
명암明暗 • 70
빈의자 • 72
설경 속 눈꽃 • 73
덕담 • 74
지게 • 75
목탁 소리 • 76
바우 • 78
봄날은 간다 • 80
이웃 사촌 • 82
종착역 • 84
추억의 소야곡 • 86
달음산 • 88
혼자 가는 길 • 90
화분에 핀 동백 • 92
봄 마중 • 93
보슬비 내리는 날 • 94
불배 • 96

4부

보름달 • 99

백발白髮 • 100

고향 바다 • 102

발걸음 • 104

겨울나무 • 105

이 풍진 세상 • 106

흔적 • 108

눈 속의 바람꽃 • 110

동반자 • 112

내 아버지 김학상 • 114

여행길 • 116

참호 속에 핀 진달래 • 117

다이아몬드 • 118

병역 명문가 • 119

마지막 둥지 • 120

낙엽이 뒹구는 전선戰線 • 122

거울 앞에서 • 124

멋진 인생 • 126

해설 / 정익진
안분지족安分知足의 정신, 무릉도원을 향한 꿈 • 131

1부

갈마산

울산 주전동에
갈마산 칠부능선
할머니가 이사 간 흙담집

수평선 한눈에 들어오고
산바람과 조개구름 머물다 가는 곳

야생화의 천국
이 산 저 산 산새들 다 모여들고
휘영청 달빛 아래
옛이야기 오손도손 쏟아붓다 잠드는 집

정원을 넓혀
무릉도원 가꾸었다
숲속의 향기와 숨결이 너무 좋아
아들 며느리가 어매집으로 이사를 했다

언젠가
우리도 무릉도원에 집을 지으리라

세월의 틈새에서

온 천지에
구석구석 칡넝쿨처럼 엉켜
내 편 네 편으로 세월을 뒤덮고
엎치락뒤치락 바람에 춤을 추는
세월의 공허함

애국심은
듣는다, 본다, 믿는다
거짓이 진동하는 가면의 탈을…
진실의 폭풍우가 벗겨 줄 것을…

세월의 틈새를 찾아
불나방처럼 날아드는
불순 찌꺼기들을
불멸의 불꽃으로 태워버려야 돼

봄날
푸르고 붉은 새싹의 빛들이
어두운 표정에 밝은 천을 입혀주려나

희망산 정상에 올라 울분의 주먹을 펴고 싶다

새싹이 돋아나는
세월의 틈새에서

억새꽃

가을
신불산 억새꽃
흰구름 나부끼듯
춤을 추는
아름다운 자태

며느리가 다듬어 준
하얀 모시치마 저고리 입으신
우아한 내 어머니

몽돌의 바닷가 정자 아래 앉아 있는 듯
어서 오라고 손을 내미는 억새꽃
내 어머니 품안 같다

달려가 안기고 싶다

목련

산책길 길목에
목련 한 그루
걸음을 멈추게 한다

하얀 솜으로 덮인 듯
흰새들 앉아 있는 듯
올망졸망 하얀 꽃망울의 자태

설한풍에도
여린 마디마디가 꺾이지 않고
고귀함의 지조로 침묵을 깬다

구름도
산새도
봄바람에 머물다 간다

봄이 오는 길목
한 그루 목련꽃 망울 앞에서

이럴 때도, 그냥

두 사람은 거울
함께 숨쉬는 그림자
양들은 짝을 지어 우리를 떠난 지 오래

어느새
팔십고개가 앞산 언덕
구십고개가 뒷산 언덕이더니

커피잔 들고 눈을 감고 있으면
무슨 생각을 해요?
그냥

오늘 뭘 했오? 하면
그냥

잠자다 숨소리가 들리지 않아
덜컥 겁이 나 흔들면

왜 그래요?

이럴 때도, '그냥' 이라고 한다

그냥은
매일매일 전하는 내일의 안부

옥련암

해운대 앞바다 굽어보는
옥련암 기풍 속에
가득한 자비

장엄한 범종이 퍼져 갈 때면
산란한 마음 가다듬고
두 손 모아 본다

내 마음의 고요
촛불 되어 타오른다

나옹화상의
얼이 배인 산사의 정기 담아
심즉시불心卽是佛 되어

물 같이 바람 같이
말 없이 살다 가라고
티 없는 영혼 되어 가라고

은은한 풍경소리로 고요히 일러준다

바람 소리

기다림은 밤의 바람 소리
지평선 넘어오는 숨소리

천만리 구름 따라
염원과 정을
싣고 오시는가

향기 품은
효성에
문풍지가 울린다

적막한 바람에
귀를 적시고

잠이 든다
나도 모르는 순간
바람 소리에

포구

새벽 별들의 소곤대는 소리에
어부는 기지개를 켠다
정적이
피어오른다

통발선의 통통 울림에
어부는 전사戰士처럼
두 팔에 힘을 싣고
여명을 지휘한다

포구 어귀에
어부의 아낙은
만선을 바라는 기도로
두 손 모은다

포구는
갈매기들과 어부들의 쉼터
마음의 고향이다

소주

톡 쏘는 매력을 지닌 벗
쪼르르 짜르르
소리가 정겹다

가끔씩 목 놓아 울고 싶어하는
가끔씩 기쁨에 환호하고 싶어하는
벗을 부른다

잔을 부딪힌다
위하여

물방울 소리
목젖을 적시는 소리
짜릿한 전율에 시름을 잊는다

홍조가 번지는 벗과 나
마주보며 굳게 손을 잡는다
쪼르르 짜르르
인생 여행길 쉬어 감세……

부지깽이

엄마는
달갑지도 않는 너를
움켜잡고 한을 뱉는다

두려움 없이 헤집다
새까맣게 타 버린 너의 손
엄마 속을 꼭 빼닮았다

서러울 때는 부뚜막 두들기고
자식놈 생각나면
까매진 끄트머리로
그 얼굴을 그려본다

지금은
이름조차 까마득한
너는
어머니와 함께 살아온
애환이었다

향천鄕天

긴 세월
하늘에 입양 시킨 어린 양들을 찾아
사서삼경 읊으시다
학이 되신 지아비를 찾아

어머니는
춘하추동 흰구름 되어
향천을 맴돈다

왜가리는
향천 수백 리 길
흰구름 찾아
내 꿈속에까지 오고가건만

또 한 번의 세월이 지나도
여전히 말이 없다
향천의 흰구름은 변함없이 떠다니고

파도 소리

가을이 오면
고즈넉한 밤바다가 부른다
서늘한 햇살을 밀어내고
초롱초롱한 별들이 해변에 모여
수를 놓는다

밤바다 향기가 파도에 묻혀
철썩 찰싹 우르르 사르르
감미로운 소리를 자아낸다
쓸쓸함을 씻어 주는
파도 소리

어느새 초승달은 가로등 뒤에 숨고
파도의 향기에 젖은 나를
스쳐가는 바람이 흔든다

다음날 오라고 손 흔들어준다

봄비

타닥타닥
창문 두드리는 봄비 소리
커피잔에 담긴다

멀리 고층 빌딩숲도
봄비에 젖어 가물가물

숲속은 지금
새싹들을 마중하는
잔치가 한창이겠지

오늘따라
빈대떡에 막걸리 한잔 나누었던 친구가
빗방울 되어 똑똑
커피잔에 떨어진다

봄비 소리 가득한
커피가 달달하다

기다림

가을이 오면
바닷가에 살고 있는 누나를 찾는다
가난했던 시절을 찾아
샛별이 뜰 때까지
술잔에 어린시절을 담아
마시다 잠든다

새벽이 되면
수만 리 뱃고동 소리와 함께
달려오는 여명의 노을
텅 빈 가슴속을 채워 준다

그리움이 기다림인가!
기다림이 그리움인가!
바람처럼 지나간 지난 날들
마음속에 쌓인다

싱그럽던 푸른 잎들이

낙엽숲이 될 때까지
백사장의 모래성이 될 때까지
펼쳐 보고 싶은 기다림

울타리

초가삼간 바람막이 울타리
갈바람 타고 모여드는 귀뚜라미
현악기, 관악기 소리를 낸다

별빛 조명 아래
초승달 눈웃음 치고
갈바람은 춤춘다

찢어진 문풍지로
들릴 듯 말 듯 애잔한 곡조에
석류화도 국화도
외양간 누렁이도 귀를 세운다

귀뚜라미 찾으러 가자던 희야도,
초가삼간에 스며드는 정담도
다 어디가고
빛 바랜 흑백사진 한 장 남아 있을 뿐

콘크리트 숲속에 감금되어
산마루에 걸쳐 있는 초승달 끌어 당겨
악보를 두들긴다

'고향의 봄'을

잔잔한 갈바람 처마 끝에
머물고 있을 그 무렵

황혼이 질 때면

여명의 노을은
희망을 주는 아름다운 빛
황혼의 노을은 안개 서린 슬픈 곡조

봄인가 싶으면 여름
가을인가 하면 겨울
꽃은 피고 시들고
나뭇잎은 떨어져 낙엽 되어 뒹굴고

웃고 울고
한평생 걸음걸음
뒤돌아보니 백발이 성성

동지섣달 긴긴 밤은 이어지고
잠은 짧아지고
생각은 꼬리에 꼬리를 물고
그리움들이 밀물처럼 밀려오면

아무런 흔적 없는 백사장을
걷다가 걷다가 잠이 든다

귀경길

TV 화면 속이 미어진다

가을 햇살길
바람은 시간을 재촉하고
들국화 간들간들 은은한 향기
고개 들어 손 흔드는 코스모스

산 모퉁이 흙길은 온데간데없고
나는 스쳐가는 길손이다
온통 낯선 얼굴들

옛 터전의 그림자 앞
흰 수건 동여맨 어머니 환한 모습
가슴에 파고든다

저 먼곳에서
아범아, 하고 반기는
어머니 목소리가 귓전을 때린다

일요일

시월의 마지막 일요일
느긋하게 기상하여 창문을 여니
새벽 공기는 상쾌하고
창가의 화초들 청아하다

무엇을 잊어버린 듯
뒷짐지고 거실을 서성거린다
썰물이 흘러간 바닷가처럼
전화 한 통 없는 적막한 공간
텅 빈 하루

고요함을 시샘하듯
햇살이 파고들어 마음을 녹여 주고
마음은 설악산, 내장산으로 가자고 하지만
왠지 스산하다

향 짙은 커피 한 잔에
마음을 적셔 본다

시간은 소리없이 어디로 흘러가 버렸나

앞산 뒷산 숲속은 지금
서서히 눈을 뜨는 중이다

밤열차

불타는 침묵을 안고
어둠을 가르며 철길 위에 앉는다
기적汽笛의 숨소리에 청춘을 맡기고
최전방을 향하는 젊음의 영혼

초롱초롱한 별들의 신호 아래
두고 온 피붙이들 지평선 너머 잠기고
싸늘히 스며드는 밤 공기를 마신다
녹슬은 철길 동해 남부선, 중앙선

적막한 밤하늘
스치는 간이역에 졸고 있는 신호등
오가는 사람 없어 경적 소리 남기고
스산한 대합실 초승달만 젖어 있다

덜컹거리는 소음에
무수한 사연들 줄지어
정거장마다 쏟아져 흘러간다
여명의 시간이 오면

새 희망 찾아 그리움 묻어 두고
힘차게 발걸음 옮겨간다

2부

오시게장

오시게장은 있는데
가시게장은 없는가!

구름처럼 모여드는 크고 작은 발자국들
고개 숙여 두리번
고개 들어 두리번

보물도 찾고 벗님도 만나련가 보다
주인에게 버림받은 얼굴들
표정들이 그리 밝지만 못하다

새 주인 만나 광명 찾으라고
동남풍이 부채질 해 준다
순대, 파전, 막걸리잔 이야기에
해 저무는 줄 모르는 벗님들 웃음소리

사람 냄새 물씬 풍기는
정겨운 오시게 장날
오시게나, 가시시 말고 오시게나

바다 우편함

바다와 속삭이고 싶으면
간절곶으로 달려간다
망부석처럼 서 있는
빨간 유니폼의 키다리 아저씨
반가워 손 내밀면 빙긋이 웃음 짓는다

그리움과 기다림은
배 떠난 선창가에
손수건 나부끼는 바람소리인가!
옛 전우들 행여나 소식 들을까
녹슨 문 만져 본다

바다를 등지고
북녘 하늘만 바라보는 키다리 아저씨
두고 온 당신 생각에 망부석이 되었나!

첫눈이 내리던 날
너의 가슴 속에 그리움을 담았건만
몇 해가 흘러가도 소식이 깜깜

남풍이 불어오거든
구름에 매달아 전해 주고
들국화 피거든
향기 풀어 전해 주오

가로등

파수꾼 아저씨 그대가 가로등
동이 트면 존재의 무의미함에
고개 숙인 침묵

석양이 깃들 때면
한낮 외로움을 토해낸다

안개 덮인 밤의 공항길
적막함에 둘러싸여
고개를 숙이고 있다

어두운 골목길
세상에 등불 되어 주는 그대에게
박수를 보낸다

아코디언

너를 불러보고 싶어
청아하고 고고한 너의 소리를 갖고 싶어
열 손가락이 멍든 지 수년 세월

수 없이 문을 두들겨 보지만
쉽사리 열리지 않네
문 밖에서 얼마나 기다려야 할까!
단지 어둠 속에 빛이 되고 싶을 따름

정자에 앉은 노송老松들에게 청송靑松을 심어
마음 구석에 쌓인 찌꺼기들을 날려 버리고 싶다
청아하고 고고한 빛의 이름으로

너와 함께 머물고 싶어
빛이 보일 때까지
열 손가락이 춤출 때까지
너의 문을 두들겨 볼 거야

고갯길

나. 내 안의 너, 그림자
어둠을 헤치고 빛을 찾아 함께

하늘을 밟으며
지상과
굽이굽이 돌고 돌아 바라보니

아흔 고갯길 길목
청춘의 추억들은
앞산 언덕에 묻어 놓고
고갯마루 정상에 주목 한 그루 심어
천수를 누리게 하고

영혼은
솜구름 타고 푸른 별 되어
영원토록 빛나고 싶다

나. 내 안의 너, 그림자
함께

해변의 몽돌

태고의 신비로움과
해와 달을 품은 바닷가
몽돌 전시장, 주전 바닷가

경이로운 환상의 소리
우르르 사르르
새까맣게 타 버린 몽돌

바다의 울음소리와 더불어
삶의 터전을 마련한
초가삼간들의 낭만

수 많은 세월 달음질하며
찢겨온 기나긴 시간
시련을 디딘 환상의 해변

비단 같은 바다와
세월을 낚고 있는 몽돌

청사진

꿈을 찾아
노을을 타고 지구 반대편으로 건너간다
인연들을 남겨 두고 떠난 소년

매서운 하늘 아래
노을이 물들어 가슴을 적신다

힘찬 숨 고르며
가파른 돌계단 딛고 딛으며
밤 하늘 수 많은 별들 바라보며
가슴속에 내일을 키운다

구비구비 가시밭길
고갯길 담벼락을 두드려 본다

꿈을 향한 미래
무궁화 꽃 바구니에 담아
꽃 피는 봄날이 오면 돌아 오려나

기장시장

매화꽃 필 즈음이면
어릴 적 어머니 손맛이 그리워
기장시장에 간다

까실이, 톳, 청각, 미역
해초류가 싱그럽다

사람 냄새 바다 냄새 뒤엉켜
줄다리기라도 하듯
사는 맛이 즐겁다

한파가 꽃샘하듯 달려드는 바닷가
손발이 꽁꽁 얼어 있어도
가슴 속에 따뜻하게 파고드는
어머니의 사랑

까맣게 그을린
단골 아지매 반가워 웃음짓는 얼굴
내리는 함박눈도 정겹다

늙으면 천사가 되나

바퀴가 닳도록 움직이지 않아도
듣기 싫은 소리 듣지 않아도
눈 감고 있어도 천리만리 다 보이고

천둥소리
폭풍이 휘몰아치는 소리
다 잊어버리고

가슴은 융단 같고
마음은 온돌방처럼
생각은 호수처럼

먹고 싶은 것 있으면 먹고
자고 싶으면 자고
가고 싶은 곳 있으면 가고

만나고 싶은 벗 있으면 만나고
읽고 싶은 책 있으면 읽고
도와줄 곳 있으면 도움 주고

노을 위에 올라앉아
시 한 수 섞어 한 잔 술 마시며
옛 노래 찾으면
마음은 하얀 구름 되어 둥실둥실

결실

싸락눈이 내리는 초겨울
둘은 짝을 맺어 아이 셋을 얻었다
전후방을 가리지 않고
이삿짐을 꾸렸다 풀었다 수십 번

그 긴 여행길의 시간들
흐르고 흘러
잔주름만 남았다

보물상자를 찾았다
아이들 학교 성적표와 상장들이 가득한
오래도록 보관해 온
가족의 시간이다

시간을 한 장 한 장 펼쳐
한 권의 책 속에 담았다
145 장 290 쪽

책 이름을 결실이라 정하고

보물1호로 선정하였더니
잊고 있던 학창시절을 떠올리며
아이들도 놀란다

이럴 수가!

보금자리

달 밝은 밤
월색이 그리운 벗님들 불러모아
주안상 차린다

매미들의 합주곡도 잠들고
바람도 휘돌아
흐르는 땀 식혀주는 밤
별들도 옹기종기 모여 앉아
함께 취한다

창문 밖으로
한 폭의 동양화가 펼쳐지고
고요함과 더불어
詩 한 수 읊조리면
꽃 향기 가득하게 퍼져 가고
구름은 말없이 흘러간다

詩와 花鳥와 벗들과 함께

무질서

마음이 탁해지니
차선도 어지럽다
빨간불에 멈추지도 않았다
사방이 캄캄하다
나 혼자만 그럴까!

공경심은 물거품이다
삼강오륜은 세월에 태워져
연기煙氣된 지 오래

무시 당하는 경로
못 본 척, 못 들은 척, 모르는 척
내 발등만 살핀다

인생 고개마루에 쉬어 보니
세상인가
세월인가
하늘엔 안개만 자욱
바람은 언제쯤 걷히려나!

가야 할 길

희망이 뭐꼬
미래는 또 뭐꼬
가려고 하면 조용히 갈거지
뭐 그래 따지고 그라노

가야 할 곳이 어디 한두 군데가
카멜레온 같은 니 마음이 또 언제 변할지

꽃길만 가려고 발버둥치다
넘어지면 니는 크게 다칠기다
가시덤불길도
자갈밭길도
그기 다 사람 가는 길이다

노을 진 언덕에 올라
니가 가야 할 길이 어디메냐고
스쳐가는 바람에게
흘러가는 구름에게
물어보소 뭐라카능고

비우고 비우고
살아가라 하제
황혼이 짙어지는 밤이 오면은

니나 내나
가야 할 길이
그 길뿐 아이가……

귀락헌 歸樂軒

시작의 울림도
마침의 울림도 없다
잔잔한 화선지에 묵향이 흐르면
학이 날고 백조가 노닌다

일필휘지의 우아한 자태에
쉬어 갈 줄 모르는 벽시계도 놀라 멈춘다

배꼽시계가 돌아가고
맛집을 찾아 거리의 풍경들을 담아
오찬 위에 얹어 놓고 소맥 한두 잔

어설픈 실력에 시 한 수 뱉으면
깔깔거리는 쉰 목소리들이
청춘을 찾는다

훈훈한 선비들 마음 다스리는 양지에
스쳐가는 길손도 귀 기울이다
갈 길을 잊고
묵향에 취해 버리는 곳

낙엽의 한마디

새싹으로 돋아날 때

연둣빛 푸르름일 때

산새들 삶의 터전 위

오색으로 물들일 때

즐겁게 흔들린다

생명이 다하는 날

숲속 창공을 빙빙 돌아

풀뿌리 풀벌레들의

이부자리 되어

썩어 토양이 되고

자연의 스승이 되는

내 생애를

밟지 말고 사뿐사뿐 지나가기를

겨울비

비가 내린다
유리창에 흘러 내리는 빗방울
시야는 온통 흐릿하다

산까치 둥지에 비가 스며 들지 않을까!
처마 밑 한 쌍의 비둘기는
무슨 생각으로 꾸르륵 꾸르륵

텅 빈 가슴에 스며드는 빗물
옛 친구 생각에 가슴을 적신다

비에 젖은 벚나무 가지에
마지막 잎새들
떨어져 바람에 뒹군다

흑백 사진 속
군불의 온기 속에 그리운 이들 찾아본다

겨울비는 쉼없이 내리고

황혼녘

한 해가 저문다
쉬지 않고 간다

어디로 가는가!
잠시 멈추고 차 한 잔 들고 가렴
끝없이 가기만 하는 그 길
지루하지도 않은가

불러봐도 붙잡아도
못 들은 척 돌아보지도 않는 시간
마지막 달력 찢어 놓고
독백을 마신다

가는 것은 시간이 아니라 나라고
해질녘
노을이 아름다워
그냥 메아리쳐 본다

찢겨진 달력을 바라보며

그리움

송홧가루 날리면
꽃비가 기다려지는 봄

청포도 익어갈 무렵
수줍던 순이와 울리는 기적소리 쫓아
낭만에 젖던 추억의 그림자들

바람같이 사라진 순간들이
보름달 떠오르듯
그리움이 밀물처럼 스며든다

물래방아 도는 언덕 아래
꽃바람 불어와도 꽃비 내려도
오솔길 걷고 있어도
잊지 못 할 흘러간 시간들

숨 죽은 듯 고요함을 깨우는
초승달의 눈웃음 안고
잠들지 못한 시간들을 낚는다

새벽이 오면
山寺의 범종 소리 울림이
그리움 가득한 가슴을 비우게 한다

비타민

가끔씩 돌부처 같은
엄마의 존재
치마폭에 바람결에
조용한 침묵은
자식 생각하는
흔들리지 않는 모정

잘 성장하여 잘 살아 줌이
그 무엇과도 바꿀 수 없는
값진 선물임을 아이들은 알까

일년에 한두 번
환한 웃음 안고 달려오는 어린 양들
부둥켜안고 떨어질 줄을 모른다

맛난 음식 차려 놓고
아이들 입에 들어가는 모습만 봐도
그저 좋은
어떤 보약보다도 값진 엄마의 비타민

3부

해맞이

새해 첫 날
해맞이 간다

여기는 간절곶

추위도 아랑곳 않고
꼭두새벽 먼 바다를 응시한다

수평선에 걸린 많은 소원들
해가 떠오르자
한꺼번에 출렁거린다

부부

임자, 갑시다
어디로요?'
바다가 보이는 곳
그곳이 어디냐고요?
할미꽃 피는 뒷동산
구름도 바람도 머물다 가는 곳

봄이오면
꽃을 찾아 벌 나비들 날아들고
여름이면
시원한 산바람이 마음을 씻고
가을이 되면
낙엽 뒹구는 소리에 가슴을 여미어 보고
겨울에는
눈 내리는 숲속의 정취도 느끼고

임자,
내 손 꼭 잡고
놓치지 말고

저 멀리 수평선을 바라보며
남은 얘기 실컷 하다
여기에서 살면 어떨까!
훗날…

명암 明暗

숲속의 숨결 같은 고요함과
호숫가 물안개의 잔잔함처럼
사뿐사뿐 걷는 걸음도
들릴 듯 말 듯한 목소리도
말수가 적음도
석양의 노을에 휘감겨 있는 듯
여인의 차분한
타고난 성품 때문일까!

가끔씩
엄마 손잡고 아장아장 걷는 아가를 보고
들고양이 새끼를 보고 미소 짓는 것도
장마철 햇빛 보듯 잠시뿐

어둠 속을 헤매듯
가득한 불안감을 담고
긴 터널 속을 빠져나온 순간

명암의 갈림이

빛의 속도보다 빠른 듯
연분홍 옷고름처럼 환해지는 얼굴

지켜보는 눈망을
병원 문을 나서는 여인의
발걸음은 가볍고 매끄러웠다

명암은 마음이었나!

빈 의자

명사십리 바닷가
해송 우거진 숲속에 빈 의자 하나

밀려오는 파도 소리 들으며
누구를 기다릴까

스치는 바람도
한 줄기 소나기도 머물다 가는 곳

바닷 바람 벗삼아
살아온 긴 여정 녹이면서

꿈을 찾는
인생의 여백

설경 속 눈꽃

설경 속 눈꽃 가슴에 담아
티 없이 살고 싶네

눈송이 한 웅큼
허공에 뿌리면
내 마음도 하얀 눈빛이 되리

사그락사그락
발자국은 사라지고
눈 밟는 소리만 따라오네

어느새
두 발도
마음도
눈꽃이 되네

덕담

새해 첫날
손주놈들 세배 받을 때 하던 말

손녀 결혼식에
주례사를 부탁 받음도 생전 처음

싱그러운 젊은이 앞에
장미꽃 같은 덕담 한아름 안겼다

선경애善敬愛라 이름 지어
망망한 대해에 힘차게 항진하라고
희망의 돛단배 닻을 올렸다

순항을 바라는 마음
가을 하늘마저 청명하다

지게

가난했던 어린 시절
산으로
논밭으로
어깨에 멍이 들고
무릎과 허리가 성할 날 없도록
지게를 지고 다녔다

작대기 하나로
바닥이 꺼지도록 땅을 짚고 일어서면
비로소 보이던 하늘

그 시절이 있었기에
나는 오늘 여기 서 있다

빛 바랜 흑백 사진 속
그래도 웃고 있는 그 아이가

목탁 소리

티 없이 맑은 하늘
대운산 자락 양지 바른 곳
고요하고 정갈한 오봉사 법당

스님의 천수경에
매미들의 울음 소리도
풍경 소리도
어울려 바람 타고 경전을 울린다

영가의 영혼이 극락세계로 승천하라고
목탁 소리에 맞추어 기도한다
숨죽여 부처님 앞에 삼배한다

이승의 억겁 인연들을 다 벗어 놓고
법당 위에 떠 가는 흰 구름 타고
극락왕생 하시라고 합장한다

누구나 가야할 길
인생 무상함에 공허감을 느낀다

스님의 염불 소리에 풍경 소리 드높고

스쳐가는 바람도 구름도 멈춘 듯
하늘 마저 고요하고 은은하다

사십구제 영가를 위해 삼배한다

바우

바우는 어릴 적 내 이름
바위 같이 튼튼하라고
할머니가 지어주신 고귀한 두 글자

사립문을 열면
푸른 바다와 큰 바위 하나
노송 한 그루가 우뚝 서 있던
옛 터전

바우야 바우야 놀리던 옛 벗들도
반갑게 맞아주던 이웃들도
정겨움만 남겨 놓고
어디로 가 버렸나

어디선가
바우가 언제 왔노
할머니 목소리가 바람 타고 오는 듯
노송이 흔들흔들 반긴다

정겹던 모습들 흔적 없이 사라지고

텅 빈 바닷가에

큰 바위 하나 노송 한 그루만 반겨줄 뿐

나는 낯선 나그네다

봄날은 간다

봄날이 오면
춤추며 어디론가 떠나고 싶다
움츠렸던 기억들을 꺼내어
봄 햇살에 상쾌하게 말리고 싶다

꽃은 피고지고
꽃비를 뿌려 놓고 봄바람 따라가 버린
연분홍 치마는 다시 돌아오려나

봄이 오면 시리도록 그리움이 따라온다
눈을 감으면 떠오르는
잊혀지지 않는 날들
물안개처럼 피어오른다

묶어 두고 싶은 봄날
설레임의 생각들
속삭임에 불타는 마음을 날리고
아름다움을 불어 주는 봄바람

누가 떠나라고 등 떠미는가!
얽힌 인연들 눈망울 붉게 물들고
떨어지는 꽃 한 잎 두 잎 주워 모아
가는 길 첩첩이 막고 싶다

봄날이 가기 전에…

이웃 사촌

초근목피 시절에도
웃음과 정이 담장을 넘어 날아다니던
옛날이 그립다

온기는 굴뚝 연기처럼 피어오르고
이웃사촌으로
내 것도 없고 네 것도 없었다
아픔도 즐거움도 함께였다

지금은 삭막한 삶터
하늘은 미세 먼지로 덮이고
사람들이 내뿜는 정들은 싸늘하다

길을 걸어도
지하철 속에서는
모두가 핸드폰에 빠져 있는 세상
어른들에 대한 공경심과
노약자에 대한 배려심들은
물거품처럼 사라진 지 오래

훈훈한 삶의 바람은 언제쯤 불어오려나
고치고 다듬으며 가꾸면서
옛날처럼 이웃끼리 도닥도닥
정 두드리며 살고 싶다

맑은 하늘 아래서 숨쉬고 싶다

종착역

바람을 좇아 숨을 고른다
수없이 계단을 오르고 또 오르며
걷다가 뛰다가
휘청거리는 사다리에 매달리기도
암흑의 숲을 헤매기도 하면서
질주한다

저녁 노을 아름다움도
어둠 속으로 사라지듯
종착역에 내리면 다음, 또,
욕망이 얼마만큼 가면 멈춰질까

달이 뜨면 지고
태양이 뜨면 또 지고
자연 따라 가까워지는 종착역
그 역이 어딘가

내려야 할 때 무엇을 가지고 내려야 하나
어떤 바람을 찾았는가 묻는다면

무엇이라고 말할까

빈 노트 한 권 들고
즐거운 숨소리만 가지고 내리자
황혼역에 도착하거든

추억의 소야곡

그냥 좋아서
가슴에 넣고 담아 다듬었더니
애창곡이 되었다

왜 좋으냐고!

스치는 바람의 향기가 다르듯
계절에 따라 진한 울림이 마음을 적신다

연륜이 익어 갈수록
곁에 머물던 정들은 낙엽 따라 가고
추억만 구름처럼 둥둥
가슴을 두드린다

별들을 보면
옛정 어린 그 시절 그 추억들이
쓰나미처럼 밀려와
강물 되어 넘쳐난다

싸늘한 겨울
밤 바닷가를 거닐면서
아련한 기억들을 불러본다

파도처럼 밀려왔다 사라지고
또 밀려오는
추억의 소야곡

달음산

철쭉꽃 필 때쯤
옛 친구 생각나
기암괴석이 수려한 자태로
우뚝 서 있는
달음산 정상을 찾는다

가파른 능선에 핀 철쭉꽃은
학창 시절 정열 같아
반세기가 훌쩍 지난 날 헤어진 친구
고향이 좌천이라
그리움에 행여나 하고 달려온다

동해 바다 수평선 아래
삶의 터전들이 머리를 맞대고
숨박꼭질하듯 고요하다

떠다니는 뱃고동 소리 가슴에 담아
흰 구름 불러 모아 바람 타고
이 골목 저 골목 누빈다

까까머리 까만 모자가
백발의 산신령처럼 변한
옛 벗을 알아볼까!

588 미터 정상 푯말에
내 이름표를 붙여 놓는다

너를 찾아 왔다가
그냥 간다고

혼자 가는 길

인생길
혼자 왔다 혼자 가는 길
동행자도 없이 어디로 가는 길일까!

태양이 솟아 오를 때
아름다운 꿈들이 미소 짓게 하고

저녁 노을 숲속 길은
자연의 짙은 향기를 마시며
포근함에 묻히고

가끔씩
고독이 가슴을 파고 들기도 하는
혼자의 여유에 영혼이 맑아지고

삶의 지혜를 얻을 수 있음에
행복함을 느낄수 있게 한다

밝은 날이면

그림자와 외로움을 달래고
밤이면
달님 앞세워 은하수 찾아 노래 부르며

술 한잔에
마음을 씻는 길이
혼자 가는 길

이것이
인생 나그네의 길이 아니었던가!

화분에 핀 동백

은은한 양지 향기가 가득한
행복당 안에 동백나무 한 그루
분홍접 동백꽃 한 송이 피었다

올망졸망 꽃망울
사랑과 정성을 아는지
앞다투듯
미소로 눈웃음 짓는다

해풍의 향기도
동박새도 찾지 않는 낯선 곳
외로이 피어나는 꽃
아침 햇살이 스며들면
수줍은 소녀처럼 불그스레 물든다

마음에 선홍빛 꿈을 피우며
짙은 커피잔에
동백꽃 향기 담아
그리움과 정을 마신다

봄 마중

동장군이 달아난다
봄의 전령 앞에

허리 굽어진 그림자와
봄맞이 마중 간다

냉이, 쑥, 두릅
돌미나리, 산나물 찾아

어릴 적 향기 듬뿍 담아
봄의 동요를 불러 본다

사라지지 않는 고향의 그림자
소달구지 덜컹덜컹
한가로운 산새들의 재잘거림

아지랑이 핀
보리밭 사잇길 향기와
계곡의 낙숫물 소리에
찔래꽃, 개나리 꽃망울도
봄 찾아 마중 간다

보슬비 내리는 날

아카시아 꽃향기 익어 갈 즈음
보슬비 오는 날이면.
죽마고우 마주 앉아
한잔 술에 추억의 시간을 낚는다

오가는 술잔에
마음은 어려지는 고향 하늘
두둥실 흰구름 되어
홍조가 된 얼굴

뚝배기 같은
어울리는 이심전심
옛 마당 놀이터인 듯
젓가락 장단에 애창곡 춤춘다

소리 없이 내리는 빗물에
방울방울 사랑이 솟아올라
술잔에 녹아들어 향기 서린 정이
넘실거리며 웃는다

붙잡아 둘 수 없는 세월
가는대로 가게 하고
노 젓은 뱃사공처럼
물거품 돌아보며
힘찬 걸음 저어 보세

불배

불빛으로 멸치떼를 유인하는 불배들
여름날 밤바다의 낭만이었다

쿵 쿵 배 바닥을 두드리며
어여차 쿵 쿵 어여차 쿵 쿵
장단 따라
어군들이 모여들고

만선을 외치는 신호탄
가~래요 가~래요

곡예하는 반딧불 행렬 따라
잠들 줄 모르는 꼬맹이들의 환호성도
덩달아 바다를 울린다

축제의 밤 바닷가
초롱초롱한 별들이 쏟아지고
낮동안 달구어진 몽돌 자갈밭
파도가 간질이고 있다

4부

보름달

보름달 뜨면
윤기나는 장독대에 정한수 올려 놓고
두손 모은 목화솜 같은 어머니 얼굴
흰구름 되어 둥둥 떠오른다

계수나무 찾아
청단풍 익은 향기
안동포 삼베 적삼에 묻혀
무지개 타고 훌쩍 떠나시던 날
이 강산 저 강산 산새들도 울었지

바람 같은 세월에
밤 하늘 등불이 되어
아들 찾아 내려다보고 있는 듯
보름달 우리 어머니
반가워 가슴에 파고드니

꿈속의 그리움이었네

백발白髮

고양이 훌쩍 담 넘어가듯
세월도 후다닥 바람 같다

백발의 왕관을 쓴 줄 모르고
아들 놈 반백에 한탄한다

한 고개 두 고개, 팔십 고개 넘어가니
눈썹에도 서리가 앉아
산신령처럼 변한 모습에 놀란다

황혼녘 저녁 노을처럼
멋진 꿈을 가꾸며
고상하고 우아한 자태로
묵향에 춤춘다

오선지 울림에 봄 아지랑이 피어나고
詩作品을 다듬는 멋진 선비로
젖은 낙엽이 아닌
향기 나는 낙엽이 되어

인생 미로의 길에
백발을 휘날리고 싶다

고향 바다

동이 트면
수평선을 본다
자그마한 어촌 마을 삶터 동해 바다
내가 태어나 살던 곳

등대불이 잠에서 깨어나 깜박이면
뱃고동 소리 울린다
해가 뜨면 갈매기 날아들고
고기잡이 배들이 수평선을 가른다

바다를 보며 꿈을 키웠고
잔잔한 푸른 물결에 아름다움을
성난 파도의 물거품에 지혜를 얻고
조약돌을 밟으며 사랑을 품은 곳

내고향 어촌 마을
푸른 물결 숨쉬는 고요한 바닷가
물새들 날아드는 작은 포구
어린 시절 영혼을 심은 바다

그리움은 흰구름 되어 하늘을 덮고
눈 속에 담아 둔 그리움을 꺼내어
그 시절들을 그려 본다

가고픈 내 고향 바다를

발걸음

내 영혼을 지배하는 발걸음의 힘
나이 따라 너도 따라오나

너와 나는
서로 아끼며 동행하는 그림자
허물어지듯 힘 빠지면
지팡이 되어 주기도

휘파람 불며 꿈을 찾아 거닐 때는
힘찬 발걸음

이제는 들릴 듯 말 듯
아가야 발자국 소리

사박사박
구부정한 허리 업고
저만치 뒤처져 걸어오는

삼십 분 거리가 한 시간

겨울나무

호숫가의 裸木 한 그루
오래된 듯 뿌리가 깊다

앙상한 가지에 햇살이 들면
딱새, 박새들이 벗이 되어 주고

철새들 휘파람 소리에
찬바람 속에서도 외로움을 씻는다

서산 마루에 해 걸치면
저녁 노을에 마음을 녹이고

호수에 달 뜨면
싱싱하고 무성했던 지난날 모습들 찾아 본다

서리에 떠밀려 하나 둘 떠나 버린
사라진 세월들.

설한풍을 맞으면서도
머지않아 찾아오는 봄 소식 희망에
굳건히 버티고 있는 단단한 裸木

이 풍진 세상

저녁 노을 흩어지고
별들이 하나 둘 손짓을 할 즈음
마을 어귀에 호랑이가 태풍을 업고 온다

약주가 거나하시면
이 풍진 세상, 창가를 부르시며
갈지자로 장단을 맞추시는
내 아버지 무서운 호랑이 선비

사 남매는 숨박꼭질한다
사시나무 떨듯 오들오들 떨면서
멍멍이도 마루 밑으로 숨어들고
외양간 누렁이 워낭도 숨을 죽인다

밥상이 마당에 뒹군다 우장창
한숨을 토하며 눈물을 삼키는 어머니
할머니 담뱃대 두드리는 절규에 문풍지가 울린다

다섯의 어린 양들을 잃은 애환이

술잔에 쏟아져 광풍으로 변하던 아버지
길 떠난 세월이 수십 년

삼월 삼진날이 아버지 기일
꽃바람 타고 오시려나
이 풍진 세상, 부르시면서

흔적

세월을 밟고 뒤돌아 보니
텅 빈 하늘 아무것도 보이지 않는다

계절은 물레방아처럼 돌고 도는데
지나온 길은 바람이었나!

구름도 모였다 흩어지면
빈 하늘

내 마음 속에 싹트고 있던
지난 추억들 꺼내어
인생 길목에 점 하나 찍고 싶다

내 영혼에 숨어 있는
꽃씨들을 꺼내어
햇볕에 잘 말리고 다듬어서
시집 한 권 꽃 피워 볼까

느티나무 그늘 아래 모여드는 길손에게

시 한 구절 전하고 싶다

한 자 한 자
활자로 녹아 있는
가슴에 머물던 이야기들이
흔적이 되고 있다

눈 속의 바람꽃

봄이 온다 메아리 속에
삭풍이 달려드는 한겨울
산등성이 숲속 쌓인 눈 속을 뚫으며
만물이 기다리는 봄 향기 안고

고운 얼굴 내미는 너의 모습
뽀얀 연두빛 얼굴
기쁘게 달려오느라 숨찬 소리에
시샘하듯 찬바람 스쳐간다

깜깜한 어둠 속에서
칼바람 맞으며 꽃망울 터트리는
신비로운 봄의 생명력에
희망의 메시지를 주는 눈 속의 바람꽃

봄 내음보다 먼저 달려나오는 꽃
너의 고운 향기와 미소에 젖어
발걸음마저 멈추어진다
쌓인 눈도 녹아 파르르 눈물 방울 흘린다

이름이 바람꽃이라
내 마음 온통 흔들어 놓고
덧없이 떠나간 사람처럼
바람 따라 가 버리려나

동반자

두 손 잡은 지
강산이 여섯 번 변한 세월
몇백 년 살 것 같아
서로 등을 기대고

궂은 일, 기쁜 일 의지하며
함께 걸어온 인생길
구름에 달 가듯 가 버린 청춘
다시 돌아올 수 없는 세월의 다리

꽃 같던 고운 얼굴에
고비 구비 꺾어 온 흔적의 훈장만 가득
힘든 길 동행에 늘 웃음 안기며
사랑으로 잡아준 마디진 손

사랑해요. 고맙소 말 한마디 안 해도
이심전심인 우린 든든한 동반자
멀잖은 길을 두 손 잡고
구비구비 살피며 살아가자구요

그 어느 날
그 어느 순간
잡은 손 하나 될 때까지
굳세게 멋지게
영원한 동반자로

내 아버지 김학상

반세기 전 초여름
임진각에 오른 村老는
벽면에 새겨진 글을 읽고 있었다

할아버지 저 글 아세요
누군가 묻는다

음, 알지
저 글은 순조 때 다산 정약용의 목민심서이고
이쪽 글은 고려 때 포은 정몽주가 지으신 단심가이지

누군가
가시는 길에 약주라도 드시라며
지폐 몇 장을 건내고
공손하게 인사를 하자
너털웃음을 지으며 멋쩍은 듯
북녘 땅을 바라보다가 돌아섰다

속리산 법주사를 시작으로

명성 높은 사찰들을 돌고 돌아
영축산 자락에 있는 암자에 머무른
촌로는 산사의 절경에 흠뻑 젖었는가
시경 한 구절을 읊으시다 무아지경에 이르는 듯
승려들 글이나 가리키며 여기서 살고자 한다

스님에게 허락을 받았어요!
음, 쾌히 승낙하시더라

촌로는 일찍이 사서삼경을 통달하고
농어촌에서 후학들을 가르치는 선비였다

그 선비는
내 아버지 金鶴相

여행길

가야 할 인생길
몸은 녹쓸어 가도 마음은 청춘
아직도 낭만이 머무르고 있는 듯

좁은 둥지를 벗어난 여행길
자연 속으로 스며드는 즐거움은
어릴적 소풍 가는 들뜬 기분

스쳐가는 풍경들 눈 속에 담아
마음에 에덴 동산을 만들어
가 버린 청춘을 불러 보자

마음에 쌓인 찌꺼기들을 씻고
청아한 목소리로 옛노래 부르며
편안한 여행길에 행복을 찾자

언제든지 떠나자
남은 세월 후회 없도록
어차피 인생은 나그네 길인 걸

참호 속에 핀 진달래

이름 모를 전선의 허물어진 참호 속에
진달래가 핀다
호랑나비가 찾아오고
산새들 날갯짓으로 재잘거린다

참호 속에서 청춘이
방아쇠를 움켜잡고
전선을 감시하고 있었겠지

고운 바람은 오고
비바람은 오지 말거라

다시 올 수 없어 사진에 담아
서재에 걸어 두고 눈만 뜨면 바라본다
땀에 젖은 전투복은 소금꽃이 피었다

三代가 그 길을 다녀왔다
금년 봄에도 아름답게 피어나겠지
참호 속 진달래의 고귀한 향기가
천리향 되어

다이아몬드

다이아몬드 하나
푸른 유니폼에 심는 날
나라 사랑을 위한 첫걸음을 밟게 했다

무지개 꿈을 향해
산을 메고 강을 안고
왕궁의 터전을 누비던 힘찬 발걸음

첫발을 내디디며
앞선 이들의 발걸음을 따라
가슴에 무궁화 한송이를 심겠다고
설상의 나라를 돌아보며 움켜쥔 두 주먹

그 이름
보무도 당당한 육군 소위
반짝이는 다이아몬드 하나

병역 명문가

해방 전 태어나
나라 없는 나라를 안고 견뎌 왔다
너희는 나라 없는 설움과 배고픔을 아느냐

긴 세월 초가삼간 옹기종기
호롱불 아래 새끼 꼬고 길쌈하며
정 나눔의 웃음들이 흘러넘쳤던 시절을 기억하는가

독립투사 정기 받아
조국의 간성이 되겠다고 꿈꾸는 동안
광복도, 육이오도, 번창도 맛보았다.

정규군인의 꿈을 그렸다
삼대三代가 정규군인이 되어 나라에 충성하는 길
병역 명문가로 귀감이 됨은 자명하지

이 고을 저 고을
깃발이 휘날리고
꿈은 애국이 되어 만세를 외친다

마지막 둥지

무인의 길
그 길을 뚜벅뚜벅 삼십 년

전후방 오르락내리락
둥지를 찾아 꿈을 길렀다
힘들지 않느냐고 그림자에게 물으면
소풍 다니는 기분이라고 하고
팔도강산 구경 잘 했다고 말한다

왜 그 길을 선택했느냐고
한 번도 물어본 적 없다
배산성지 기슭에
아담한 축성을 지어 못다 누린 정담들로
사십여 년을 지나고 보니 여기가 고향

꽃이 시들어지니
지팡이가 받쳐 주고
마음이 주름지니
보이지 않는 것들이 얼굴을 내민다

가늘어진 숨소리를 다듬기 위해
공기 맑고 고요한 이곳 숲속에
마지막 닻을 내렸다

낙엽이 뒹구는 전선戰線

매미들 합주곡이 전선의 산하를 적시더니
오색 잎들의 진군에 발맞추어
매복지埋伏地로 이동한 듯
고요함에 물든다

낮에는 산새들 밤에는 별들이
등불이 되어 준다
칠부능선의 참호塹壕에서는
강력한 레이저를 발산한다

등을 맞댄 젊은이들은
조국을 지킨다는 사명감에 가슴이 뜨겁다

가을이 익어갈 무렵
어매 아배가 천리길을 물어물어 오셨다

"애야, 저게 무슨 소리고?
시끄러워 밤새 한숨도 못 잤다 아이가
아이구 무섭데이

니는 저 안에서 저 소리를 들으며 근무하고 있나?"

억장이 무너지는 듯
어매 아배는 긴 한숨만 쉬다가 가셨다

낙엽이 뒹굴고
가을이 익어갈 무렵이면
그날의 한숨 소리가 목에 걸린다

거울 앞에서

둥근달처럼
내 얼굴도 뜬다

한때는 풀잎처럼
싱그러웠던 시절도 있었으니

세월의 흔적들 밭고랑 같아
낯선 이방인이 서성인다

미동도 없는 석고상처럼
시간에 갇힌 얼굴

찡그리지 말고
오늘은 한 번 웃어보라고

툭, 툭,
양 볼을 잡아당겨 본다

카멜레온 한 마리
거울 앞을 서성이다

푸른 눈동자로
초저녁 외출에 나선다

멋진 인생

거울을 바라보듯
내 안의 모습들을 살피며

삶의 여정에
부질 없는 망상들을 저버리고

장미꽃 가꾸듯
아름답고 고운 마음으로

따뜻하고 다정스러움
친절하고 편안함을 갖고

누구에게나
사랑 받을 수 있는 사람으로

감사함을 품은 걸음 걸음에
고귀한 인생 여로에 숨쉬는 삶

화려한 꾸밈보다
하얀 구름처럼 순결함을 지니고

평온하게 물같이 바람같이
한세상 살아감이 멋진 인생

해설

안분지족安分知足의 정신, 무릉도원을 향한 꿈
– 김보웅의 시 세계

정 익 진 (시인)

序文

　김보웅의 시는 안분지족安分知足의 심정으로 무릉도원武陵桃源의 삶을 꿈꾸며 실천하는 삶을 견인한다. 평화의 꽃들이 피어오르는 곳으로 어깨동무하고 손에 손잡고 함께 가는 마음이다. 욕심 없는 푸른 세상, 너와 내가 함께 봄에 피는 꽃을 보며 미소를 짓고, 초록색으로 짙어가는 여름 숲속을 걸어가기이다. 세계는 내가 아니라 우리의 세계이며 밤하늘에 아름답게 펼쳐지는 우주의 풍경들도 너와 나의 얼굴이다. 김보웅의 시 속에는 공유하고 공감하고 배려하는 심경이 도도히 흐르고 있으며 추억을 노래할 수 있는 순간들로 가득차 있다.

안분지족安分知足, 편안한 마음으로 분수를 알고 욕심을 내지 않으며 자신이 처한 처지를 파악하여 만족하며 살아간다는 의미이다. 요즈음 식으로 해석하자면 '웰빙(well-being)'의 개념으로 대처할 수 있다. 욕심 없이 소박한 생활을 하는 가운데서도 편안한 마음으로 자신이 즐길 수 있는 생활의 공간과 시간을 마련해 보자는 말이다.

'경행록'에 따르면 만족함을 알면 즐겁고, 탐하기를 힘쓰면 곧 근심이 된다고 했다. 'well'의 의미는 안락함 혹은 만족함이고 'being'은 인생쯤으로 해석한다. 욕심을 가지고 물질적 가치나 명예를 얻기 위해 앞만 보고 달려가는 삶보다 건강한 신체와 정신을 유지하는 균형 있는 삶을 염원한다. 이러한 자세로 삶을 살아가다 보면 행복은 저절로 다가온다. 하지만 인간을 위한 '그것(웰빙)'이 아무리 좋은 의미를 지녔더라도 먼저 수용의 자세가 갖춰져야 한다는 지적도 설득력을 얻는다. '웰빙'은 단순히 경제력으로 잘 먹고 잘 사는 인생을 뜻함이 아니라 정신적으로 풍요로운 문화적인 삶, 육체적으로는 건전하고 건강한 삶으로 이해해야 한다.

무릉도원武陵桃源이란 말도 거창하게 생각하지 않는다. 안분지족의 견지에서 보면 무릉도원의 뜻이 금방

다가온다. 안분지족을 추구하는 삶의 자세가 없다면 우리 시대의 무릉도원에 닿을 수 없다는 말이다. 원래 무릉도원은 중국 동진 때 도원명이 언급한 이상향이다. 도연명의 '도화원기桃花源記'에 나오는 선경仙境 이야기에서 유래한다. 세속을 떠난 별천지이다. 오늘날 유토피아(Utopia/이상향) 혹은 파라다이스(paradise/지상낙원) 쯤으로 해석한다. 가령 세파에 시달릴 대로 시달린 일군의 사람들이 이 세상은 자신들이 살 곳이 못 된다고 깨닫고는 보다 안정되고 안전한 삶을 찾아 나서는 과정을 겪는다. 그들은 산속 깊숙한 곳으로 찾아 들어가 이상적인 장소를 발견한다. 흙으로 담을 쌓고 밖과 완전히 격리된 생활을 실천한다. 이른바 공동체가 서서히 형성되는 과정에 접어든다. 고대국가 진나라가 멸망할 때 전란戰亂을 피해 산속에 '낙원'을 만들었던 마을 사람들을 연상시킬 수 있는 일들이 실제로 존재했다고 전한다.

  도연명의 사상적 입장은 순수한 형태의 '낙원'을 지향했다. 여기저기에 있는 뜰 안에서 개나 닭의 울음소리가 들려온다거나 백발이 성성한 노인이나 머리를 땋아 내린 아이들이 즐겁고도 한가롭게 놀고 있는 광경을 떠올릴 수 있다. 도연명은 유민들의 공동체인 생활상을 바라보며 오늘날의 민주국가를 꿈꾸었을지도 모를 일이다.

따라서 김보웅 시인의 시편 속에 나타난 여러 가지 양상들은 욕심 없는 세상의 삶이다. 소박한 생활 속에서 나눔을 실천하며 슬픔과 기쁨을 함께 공유하는 삶을 추구한다. 김보웅의 시편들도 질그릇같이 소박하여 꾸밈이 없다. 시적 진의를 의심하게 하는 어떠한 현란한 기교도 없이 진솔한 마음을 그대로 표현한다. 독자들이 이해하거나 읽어나가기에 어려움이 없다. 김보웅 시인의 시적 매력과 힘은 바로 이 무기교의 기교에 있다. 곱씹어 읽어갈수록 차에서 차향이 우러나듯 그의 시적 아름다움이 우리들의 뇌리에 오래도록 남는다.

무릉도원의 기원

울산 주전동에
갈마산 칠부능선
할머니가 이사 간 흙담집

수평선 한눈에 들어오고
산바람과 조개구름 머물다 가는 곳

야생화의 천국
이 산 저 산 산새들 다 모여들고
휘영청 달빛 아래
옛이야기 오손도손 쏟아붓다 잠드는 집

정원을 넓혀

무릉도원 가꾸었다
숲속의 향기와 숨결이 너무 좋아
아들 며느리가 어매집으로 이사를 했다

언제가
우리도 무릉도원에 집을 지으리라

- 「갈마산」 전문

　고향은 어머니와 같은 곳, 그래서 떠나오거나 멀리서 바라보면 더욱 그리워진다. 소박하지만 시인의 절실한 마음을 엿볼 수 있어 공감력이 큰 시편이다. 산의 칠부능선에 지어진 저 흙담집도 흙을 가꾸며 생활을 하는 농부의 손으로 직접 지었다. 야생화의 천국, 산새들의 노래를 들으며 수평선이 바라다보이는 곳, 정지용 시인의 시 '향수'가 문득 떠오른다.
　사립문을 열고 들어서면 우물과 아담한 초가가 있고 밖에서는 실개천이 흐르고 가난하지만 가족과 함께 지내던 안식처. 꿈에서도 잊지 못하던 고향 풍경이다. "산바람과 조개구름 머물다 가는 곳"이며 "휘영청 달빛 아래/ 옛이야기 오손도손 쏟아붓다 잠드는 집", 이곳이 바로 무릉도원이다.

(전략)
바다를 보며 꿈을 키웠고
잔잔한 푸른 물결에 아름다움을
성난 파도의 물거품에 지혜를 얻고

조약돌을 밟으며 사랑을 품은 곳

내고향 어촌 마을
푸른 물결 숨쉬는 고요한 바닷가
물새들 날아드는 작은 포구
어린 시절 영혼을 심은 바다

그리움은 흰구름되어 하늘을 덮고
눈 속에 담아 둔 그리움을 꺼내어
그 시절들을 그려 본다

가고픈 내 고향 바다를

- 「고향 바다」 부분

  위의 시는 시인의 성장기를 대변한다. 시인은 바다를 보며 꿈을 키우고, 아름다움을 배우며 삶의 지혜를 얻고, 조약돌을 밟으며 사랑을 배운다. 이러한 뛰어난 표현들로 미루어 어찌 시인이 되지 않을 수 있겠는가 하는 생각이 든다. 생생한 자연의 이미지 속에 자신의 삶을 빗대어 절묘하게 표현한다. 어린 시절의 영혼은 순수하다. 이슬방울처럼 맑은 영혼이다. 특히 유년의 영혼이 바라보는 추억과 그리움은 평생을 살아가는 데 든든한 정서적 뿌리가 되고, 자아를 형성하는 뼈대가 된다.
  어린 영혼들은 자유롭다. 뙤약볕 아래서 모래를 쌓고 소나기로 온몸을 적셔도 아랑곳하지 않는다. 해가 질 때까지 바닷가에서 뛰어놀며 파도와 갈매기의 울음에 온 정신을 쏟는 존재는 어린이들 뿐이다. 밤새도록 숲을 걸으면서 동화의 나라를 찾아 헤매고 새벽과 황혼의 아름답고 다양한 빛깔에 경이로움을 경험한다. 자연과 함께 성장하여 시인이 되고, 음악가가 되고, 과학자가 되어 나라를 위해서 역할을 다한다. 자라는 동안 여러 가지 종류의 바람과 마주하게 된다.

무릉도원을 스치는 봄바람

봄이 온다 메아리 속에
삭풍이 달려드는 한겨울
산등성이 숲속 쌓인 눈 속을 뚫으며
만물이 기다리는 봄 향기 안고

고운 얼굴 내미는 너의 모습
뽀얀 연두빛 얼굴
기쁘게 달려오느라 숨찬 소리에
시샘하듯 찬바람 스쳐간다

깜깜한 어둠 속에서
칼바람 맞으며 꽃망울 터트리는
신비로운 봄의 생명력에
희망의 메시지를 주는 눈 속의 바람꽃

봄 내음보다 먼저 달려나오는 꽃
너의 고운 향기와 미소에 젖어
발걸음마저 멈추어진다
쌓인 눈도 녹아 파르르 눈물 방울 흘린다

이름이 바람꽃이라
내 마음 온통 흔들어 놓고
덧없이 떠나간 사람처럼
바람 따라 가 버리려나

- 「눈 속의 바람꽃」 전문

아름다움과 희망의 계절, 봄이 다가오는 소리다. 아직 눈꽃은 지지 않았고 봄은 멀었지만 차라리 눈 속에 싹을 틔우는 모습이 더욱 아름답다. 눈꽃송이 흔드는 바람의 내음이 더욱 향기롭다. 눈이 녹아 영롱하게 방울지는 모습도 그냥 지나칠 수 없다. 지나가는 누구에게라도 이 마음 전하고 싶은 계절이다. "매서운 추위가 지나고 제법 푸근한 봄바람이 불어옵니다. 몸도 마음도 한결 편안해지시길" 바란다는 문자도 보내고 싶어진다. 하지만 시 속에 나타난 눈속의 바람꽃은 왠지 좀 슬픔 느낌이다. 봄이 채 무르익기 전에 바람꽃은 말 그대로 바람과 함께 사라지려는가. 그래서 슬픈 꽃인가. 봄바람이 당신 인생의 무릉도원으로 스며들기를 우리는 기다린다.

기다림은 밤의 바람 소리
지평선 넘어오는 숨소리

천만리 구름 따라
염원과 정을
싣고 오시는가

향기 품은
효성에
문풍지가 울린다

적막한 바람에
귀를 적시고

잠이 든다
나도 모르는 순간
바람 소리에

— 「바람소리」 전문

  짧은 시이지만 의미가 깊은 시이다. 바람을 기다린다는 말은 바람 같은 인생을 기다린다는 말처럼 들린다. 바람은 우리에게 여러 가지 감흥을 준다. 바람이 불면 인생의 허무감을 느낄 수도 있겠지만 인생을 새롭게 살아야겠다는 마음도 든다. 사람의 정과 염원도 함께 오리라는 희망도 품는다. 바람 부는 날 숲으로 가 보자. 숲으로 가면 작은 깃발처럼 흔들리는 나뭇잎들, 그 사이를 지나가는 바람의 투명한 눈길을 느낄 수 있다. 겨울 달빛이 휘황찬란한 밤, 잠들지 않고 깨어 귀를 기울인다. 우주의 한 점을 향해 빨려 들어가 생생한 바람 소리를 듣는다. 이윽고 바람은 지평선을 넘어오는 숨소리로 들려온다. 지상은 생명의 숨소리로 가득하다.

무릉도원에서의 시와 서예와 음악

맑은 하늘
하얀 구름과 같은 꽃이 되고 싶어
서예와 음악을 하며 세월에 묻히다 보니
세월도 비켜가고 있는 듯한 느낌에
또 시를 쓰겠다고 나섰다

팔순이 지난 나이에 라고
핀잔도 받았지만
내 안에 싹트고 있는 씨앗들이
詩作의 문을 두드렸다

원석도 갈고 다듬어야 보석이 되듯
쓰고 지우고 고치고 다듬어서
작품이 완성될 때의
그 기분은

늙음이 쉬어가는 삶의 처방전이었다

위는 시집의 목차 앞에 위치한 '시인의 말'이다. 시인의 말은 시집을 묶으면서 느끼는 시인의 진솔한 감정을 여과 없이 드러내는 말이다. 시인의 심정을 직접적으로 들을 수가 있어 시집의 주제 혹은 소재를 어느 정도 파악할 수 있다. 김보웅 시인의 삶은 꿈을 간직한, 미지에 문을 두드리는 삶이다. 오랜 세월 구름을 가꾸며 살았지만 영원한 청춘의 삶을 산다. 그의 시는 푸르고 그의 삶은 시들지 않는다.

　시인은 시를 쓰기 전에 서예와 음악의 길을 오랫동안 걸어왔다고 언급한다. 서예와 음악 역시 예술 활동이다. 예술은 예술끼리 서로 감응하고 소통한다는 것은 누구나 다 알고 있다. 형식만 다를 뿐 내용에 들어가서는 같다고 말할 수 있겠다. 서예와 음악과 시와 함께 하는 삶이 곧 무릉도원의 삶이다.

　우리가 살고 있는 현대는 욕망 과잉의 시대이며 타인 지향형의 '고독한 군중'이 넘치는 세상이다. 아이러니하게 소득은 높고 좋은 집에서 사는데도 행복지수는 낮다. 한국인의 행복지수는 세계적으로 하위 수준이다. 그만큼 삶을 타인과 비교하며 타인 지향적인 삶을 살고 있다는 증거이다. 현재 자신이 가진 것에 만족하고 행복을 느끼며 사는 삶이 윤택한 삶, 곧 안분지족과 무릉도원을 펼치는 삶이라고 생각한다.

　　시작의 울림도
　　마침의 울림도 없다
　　잔잔한 화선지에 묵향이 흐르면
　　학이 날고 백조가 노닌다

　　일필휘지의 우아한 자태에
　　쉬어 갈 줄 모르는 벽시계도 놀라 멈춘다

　　배꼽시계가 돌아가고
　　맛집을 찾아 거리의 풍경들을 담아

오찬 위에 얹어 놓고 소맥 한두 잔

어설픈 실력에 시 한 수 뱉으면
깔깔거리는 쉰 목소리들이
청춘을 찾는다

훈훈한 선비들 마음 다스리는 양지에
스쳐가는 길손도 귀 기울이다
갈 길을 잊고
묵향에 취해 버리는 곳

— 「귀락헌歸樂軒」 전문

묵향 가득한 귀락헌의 한때가 한눈에 들어온다. 귀락헌은 아마도 서예실의 이름이 아닐까. 서예의 도반들이 모여 서예에 용맹정진하다 보니 시간 가는 줄도 모른다. 수업을 파하고 옹기종기 모여 단란한 분위기에서 마시는 한잔의 술맛은 무엇도 부럽지 않다. 무릉도원이 따로 없.

보통 서예라 하면 한자 문화권에서 볼 수 있는 붓글씨를 말하는 경우가 많다. 종이와 붓, 먹 등을 사용하여 한문이나 우리글의 미적 아름다움을 표현하는 시각예술로 분류한다. 귀락헌은 『귀락헌유집歸樂軒遺集』이란 책자와 연관이 있어 보인다. 이 책자의 서문에 다음과 같은 말이 쓰여 있다.

"나현은 예법을 숭상하는 가문에서 태어났고, 시와

예로 자랐다. 문장은 세상에서 등용될 만하고, 덕은 정사를 보좌할 만했으나 겸손하게 자신을 수양하였다. 그는 세상과 아옹다옹하며 살기를 바라지 않았고, 자연 속으로 자취를 감추었"다는 내용이 있다. 이런 내용을 미루어 나현이란 선비가 학문을 쌓고 글을 지으며 이룩한 드높은 수양의 경지를 한 권의 책으로 묶은 것이 『귀락헌유집歸樂軒遺集』이 아닐까 짐작해 본다.

"잔잔한 화선지에 묵향이 흐르면/ 학이 날고 백조가 노닐다" 이러한 구절에서 안분지족하며 무릉도원을 꿈꾸는 화자의 삶에 대한 태도를 엿볼 수 있다. 이 같은 경지에 이르면 세상 부러울 그 무엇이 있겠는가 하는 생각이 든다.

> 너를 불러보고 싶어
> 청아하고 고고한 너의 소리를 갖고 싶어
> 열 손가락이 멍든 지 수년 세월
>
> 수 없이 문을 두들겨 보지만
> 쉽사리 열리지 않네
> 문 밖에서 얼마나 기다려야 할까!
> 단지 어둠 속에 빛이 되고 싶을 따름
>
> 정자에 앉은 노송老松들에게 청송青松을 심어
> 마음 구석에 쌓인 찌꺼기들을 날려 버리고 싶다

청아하고 고고한 빛의 이름으로

너와 함께 머물고 싶어
빛이 보일 때까지
열 손가락이 춤출 때까지
너의 문을 두들겨 볼 거야

― 「아코디언」 전문

앞서 언급한 시인의 말 중에 "서예와 음악의 세월에 묻히다 보니 늙음도 비켜가고" 이 문장을 다시 살펴본다. 여기에서 '음악'이 의미하는 바가 아마도 아코디언이 아닐까. 아코디언 연주에 대한 조예가 없다면 위와 같은 시편을 쓸 수가 없다. 열 손가락에 멍이 들 정도로 아코디언 연주의 기법을 쌓기 위해 노력했다는 내용에서 알 수 있다.

아코디언이란 악기는 피아노나 바이올린 같은 악기에 비해 조금은 낯설다. 아코디언은 오르간의 계열로 분류한다. 외관상으로도 아코디언이란 악기는 상당히 복잡해 보이고 양손을 제각기 사용해야 한다는 점 때문에라도 배우기가 난해하다. 우리나라에서도 제대로 배우는 것이 쉽지 않은 악기로 인식한다. 대학 음악과에서도 아코디언 학과라는 것이 따로 없고 몇몇 실용음악과에서 선택과목으로 배우는 정도이다.

중요한 것은 김보웅 시인의 시적 리듬감이다. 시는 산문이 아니고 운문이기 때문에 시의 리듬이 시를 지배한다. 시에서 리듬은 무엇보다도 중요하다. 시인들이 시를 쓰고 자신의 시를 몇 번이고 낭독하는 행위는 자신의 시가 리듬을 타고 막힘없이 부드럽고 자연스럽게 잘 읽히는가를 점검하기 위함이다. 이러한 음악적인 감각이 김보웅 시인의 시에 잘 녹아들어 시를 읽을 때 시의 묘미가 한층 더 살아난다.

시적 언어는 음악의 산물이다. 덧붙여 말하자면 일상어는 '언어의 음악성'에 대해 별로 신경을 쓸 필요가 없겠지만 시의 언어는 소리가 발휘하는 미묘하고 섬세한 부분까지 그 음악적 효과를 살릴 수 있도록 세심한 노력을 기울여야 한다. 곧 시의 힘이다. 시적 리듬과 운율에서 오는 상징과 암시의 힘이 우리의 영혼에 공명을 불러일으키기 때문에 시가 존재한다고 말할 수 있다. 시의 리듬에 관한 다음과 같은 말도 음미할 필요가 있겠다.

시의 리듬은 어디에서 오는 것일까? 표면적으로 보면 시의 리듬은 언어 구조에서 오지만 심층적으로 보면 시의 리듬은 몸의 중심인 심장(心臟)에서 온다. 인간 몸의 심장은 항상 뛰면서 리듬을 만들어 낸다. 한시도 멈추지 않고 리드미컬하게 뛰는 심장은 리듬의 발전소이다.

— 정효구, 「리듬, 원음을 그리워하는 율동」,
『붓다와 함께 쓰는 시론』 부분

군인의 삶, 문무文武를 겸비한 옛 선조의 전통을 이어받아

해방 전 태어나 해방 전 태어나
나라 없는 나라를 안고 견뎌 왔다
너희는 나라 없는 설움과 배고픔을 아느냐

긴 세월 초가삼간 옹기종기
호롱불 아래 새끼 꼬고 길쌈하며
정 나눔의 웃음들이 흘러넘쳤던 시절을 기억하는가

독립투사 정기 받아
조국의 간성이 되겠다고 꿈꾸는 동안
광복도, 육이오도, 번창도 맛보았다.

정규군인의 꿈을 그렸다
삼대三代가 정규군인이 되어 나라에 충성하는 길
병역 명문가로 귀감이 됨은 자명하지

이 고을 저 고을
깃발이 휘날리고
꿈은 애국이 되어 만세를 외친다

— 「병역 명문가」 전문

의외의 시편이다. 예상하지 못했다. 실례가 되지 않

는다면 위의 시가 김보웅 시인의 직업이 군인이었다는 것을 증명하는 시편이라고 말할 수 있겠다. 이 시편에는 시인의 개인사적이 내용이 많이 포함되어 있다. 시를 읽어나가는 도중에 어렵지 않게 김보웅 시인에 관한 역사를 짐작한다. 어떻게 보면 참 놀랍기도 하고 자랑스럽지 않을 수 없다. 사실 우리의 옛 선조들, 그중에서 나라의 명운을 좌지우지하는 장군들, 이름난 지략가들, 이름난 문인과 고위급 선비들 모두 문文과 무武에 탁월한 실력을 겸비하고 있었음에 두말할 나위가 없겠다.

심지어 한 국가를 책임지는 국왕들도 뛰어난 장군이요, 뛰어난 문인의 경력을 가졌다. 조선왕조만 살펴보더라도 광범위한 자료가 있다. 가장 먼저 떠오르는 왕이 조선의 제3대 국왕, 이방원으로 알려진 태종이다. 태종은 태조 이성계의 아들로서 스승인 정도전과 함께 조선 건국의 결정적인 역할을 했다. 정도전의 천재성은 타의 추종을 불허할 정도였고 '하여가'로 알려진 태종과 고려의 마지막 충신 정몽주의 '단심가'도 우리의 학창 시절 '국어' 교과서에 실려 익히 알고 있다.

"삼대三代가 정규군인이 되어 나라에 충성하는 길" 이 문장에서 화자인 김보웅 시인뿐만 아니라 삼대三代가 군인이라니 더욱 놀랍지 않을 수가 없다. 삼대가

의사인 집안, 삼대가 법관, 삼대가 경찰인 집안 등등 이들 모두가 국가를 위해 한평생을 바쳤기에 사회적인 존경을 많이 받고 있다. 위의 시는 나라에 대한 애국심이 저절로 솟아나게 하고 나라를 잃은 화자의 심정이 또렷하게 새겨져 있다. 국가에 대한 충성심은 여기에서 끝나지 않는다. 더구나 전선의 참호 속에서도 시인의 시심이 뭉클하게 피어오른다.

    이름 모를 전선의 허물어진 참호 속에
    진달래가 핀다
    호랑나비가 찾아오고
    산새들 날갯짓으로 재잘거린다

    참호 속에서 청춘이
    방아쇠를 움켜잡고
    전선을 감시하고 있었겠지

    고운 바람은 오고
    비바람은 오지 말거라

    다시 올 수 없어 사진에 담아
    서재에 걸어 두고 눈만 뜨면 바라본다
    땀에 젖은 전투복은 소금꽃이 피었다

    三代가 그 길을 다녀왔다
    금년 봄에도 아름답게 피어나겠지
    참호 속 진달래의 고귀한 향기가

천리향 되어

– 「참호 속에 핀 진달래」 전문

뛰어난 시편이다. 시가 요구하는 바를 충실히 지키고 있다. 시의 리듬과 비유, 시의 내용, 분명한 시적 메시지, 시가 주는 감흥까지 어느 하나 소홀한 부분이 없다. "내일 지구가 멸망하더라도 나는 오늘 한 그루의 사과나무를 심겠다"고 말한 네덜란드의 철학자 스피노자가 저절로 떠오른다. 이 명언이 종교 개혁자 마틴 루터의 일기장에 쓰인 글귀라고 하는 등 여러 가지 설이 있으나, 중요한 것은 이 말 자체가 위의 시의 내용과 일맥상통한다는 점이다. 눈앞에 죽음이 펼쳐지는 극한 상황의 전쟁터에서 인간 본연의 감정 상태를 유지하기란 쉽지 않다. 생명의 탄생은 장소와 때를 가리지 않는다.

감옥의 창틈에 쌓인 흙먼지에서도 싹은 피어나고 "이름 모를 전선의 허물어진 참호 속에 진달래가" 피고 호랑나비가 날아오고 산새들이 찾아와 노래를 부른다는 표현들, 그것이 바로 반전反戰의 메시지이고 평화를 바라는 시인의 마음이고 우리의 소원이다. 나폴레옹이 전쟁터에서 틈날 때마다 시집을 펼쳐 들고 시를 읽는 모습도 떠오른다. 우리의 비극적인 역사 속에서 전쟁을 상징하는 녹슬고 깨진 철모, 그 속에 피어나는 이름 모를 꽃 이야기도 바로 반전反戰에 대한 의식을 고취하기 위함이다. 평화가 없는 세상에서 인간다운 삶의 영위는 있을 수 없다. 고요하고 평화로운 이상향의 상징, 그것이 비로소 무릉도원을 가능케 한다. 이는 인류적인 차원에서 다루어져야 한다.

무릉도원 동반자

두 손 잡은 지
강산이 여섯 번 변한 세월
몇백 년 살 것 같아
서로 등을 기대고

궂은 일, 기쁜 일 의지하며
함께 걸어온 인생길
구름에 달 가듯 가 버린 청춘
다시 돌아올 수 없는 세월의 다리

꽃 같던 고운 얼굴에
고비 구비 꺾어 온 흔적의 훈장만 가득
힘든 길 동행에 늘 웃음 안기며
사랑으로 잡아준 마디진 손

사랑해요. 고맙소 말 한마디 안 해도
이심전심인 우린 든든한 동반자
멀잖은 길을 두 손 잡고

구비구비 살피며 살아가자구요

그 어느 날
그 어느 순간
잡은 손 하나 될 때까지
굳세게 멋지게
영원한 동반자로

– 「동반자」 전문

얼핏 보아도 동반자가 누구인지는 금방 알 수 있다. 백년해로百年偕老하는 아름다운 부부의 모습을 절실하게 표현한다. 우리의 속담에 '검은 머리가 파뿌리가 되도록'이 있다. 부부가 한번 인연을 맺으면 천수를 다할 때까지 같이 산다는 말이다. 인용시에서 강조되는 부분은 '두 손'이다. 남편과 아내가 두 손을 잡고 결혼을 하고 두 손이 하나가 되어 한마음이 되어 영원한 동반자의 길을 가는 모습을 보여준다. 부부가 오랫동안 같이 살면서 어찌 순탄할 수만 있겠는가. 누군가의 말처럼 행복한 결혼은 완벽한 부부가 만났을 때 이루어지는 것이 아니라 불완전한 부부가 서로의 차이를 즐겁게 수용할 때 성립한다고 했다.

같이 늙어가는 즐거움이 나이를 먹는 괴로움을 잊게 해 준다는 말이 있다. 때문에 인용시의 내용과 같이 진실하게 맺어진 부부는 젊음을 상실해도 불행하다고 생각하지 않는다. 노부부는 가슴 저리게 그리운 대상을 만나 사랑과 미움으로 다져진 세월만큼 단단한 현재의 여유를 누린다. 노을처럼 곱고 환하다. 백년해로와 비슷한 의미를 가진 '해로동혈偕老同穴'이라는 말도 있다. 『시경詩經』에 나오는 말이다. 살아서는 같이 늙고 죽어서는 한 무덤에 묻힌다는 뜻이다. 부부가 생사고락을 같이하자는 맹세이다. 하나인 듯 둘이고, 둘인 듯 하나인 삶이 부부이다. "다시 돌아올 수 없는 세월의 다리"를 함께 건너가는 삶이다.

> 두 사람은 거울
> 함께 숨쉬는 그림자
> 양들은 짝을 지어 우리를 떠난 지 오래
>
> 어느새
> 팔십고개가 앞산 언덕
> 구십고개가 뒷산 언덕이더니
>
> 커피잔 들고 눈을 감고 있으면
> 무슨 생각을 해요?
> 그냥
>
> 오늘 뭘 했오? 하면
> 그냥
>
> 잠자다 숨소리가 들리지 않아
> 덜컥 겁이 나 흔들면
>
> 왜 그래요?

이럴 때도, '그냥'이라고 한다

그냥은
매일매일 전하는 내일의 안부

> — 「이럴 때도, 그냥」 전문

아름답게 세월을 살아가는 부부의 모습을 유머 감각을 살려 표현하고 있다. 특히 대화체 문장을 사용해 구체적 정황을 명확하게 느낄 수 있어 읽는 재미가 더욱 배가 된다. 자꾸 읽어보아도 입가에 미소가 떠나지 않는다. 경상도 남자 특유의 무뚝뚝하지만 다정스러운 면모도 잘 살려낸다. 경상도 남자들이 엄청나게 다정하지는 않지만 알고 보면 인용시의 화자처럼 '진국'인 남자들도 수두룩하다. 자고 먹고 깨어나기를 반복하는 일상 속에서 마음의 한쪽이 따듯해진다. 아무리 읽어 보아도 참 좋은 시이다. 좋은 시는 역시 진솔한 표현에서 만들어진다.

인생을 사노라면 비가 내리기도 한다. 빗물에 젖어도 두 손이 한 손이 되어 우산을 받들며 빗길을 걸어간다. 그냥 말이 없어도 서로를 이해하고, 칭찬을 바라지 않는 베풂을 늘 반복하며 사랑의 순간을 공유하고 지속해 가는 사람들이 부부가 아닐까 생각해 본다.

무릉도원의 크기가 중요한 게 아니다. 이 시의 내용 자체가 무릉도원이다. 이 시는 그냥 좋은 시다.

노년의 삶, 영원한 무릉도원을 위하여

고양이 훌쩍 담 넘어가듯
세월도 후다닥 바람 같다

백발의 왕관을 쓴 줄 모르고
아들 놈 반백에 한탄한다

한 고개 두 고개, 팔십 고개 넘어가니
눈썹에도 서리가 앉아
산신령처럼 변한 모습에 놀란다

황혼녘 저녁 노을처럼
멋진 꿈을 가꾸며
고상하고 우아한 자태로
묵향에 춤춘다

오선지 울림에 봄 아지랑이 피어나고
詩作品을 다듬는 멋진 선비로
젖은 낙엽이 아닌
향기 나는 낙엽이 되어

인생 미로의 길에
백발을 휘날리고 싶다

― 「백발白髮」 전문

"묵향에 춤 추고/ 오선지 울림에 봄 아지랑이 피어나고/ 詩作品을 다듬는" 광경이다. 이것이 바로 시인의 무릉도원이고 예술가의 무릉도원이다. 백발은 노년을 상징한다. 백발이라고 해서 시간이 흐르기만을 기다려서는 안 된다. 어떻게 노년을 맞이할 것인가는 고령화에 접어든 이들의 모든 화두話頭이다. 사람이 다르듯이 늙음도 다르기 때문이다.

각기 살아온 흔적이 다른 만큼 노년의 삶을 맞이하는 일도 각자 다를 수밖에 없다. 품위를 지키며 보람차고 아름답게 늙는 사람이 있는가 하면 여전히 쓸데없는 욕망에 사로잡혀 추하게 늙는 사람도 있다. 멋지거나 추하거나 또 행복하거나 불행한 노년이 되는 일은 각자의 책임이다. 스스로가 안분지족을 실천하지 못했기 때문이다. 자신의 분수를 모르고 교만해진다거나 남에게 배려심을 잃은 상태다. 불안한 삶이다.

사람이 우아하게 늙어가는 방법은 무엇일까. 이 해답은 바로 위의 시에 나와 있다. 남은 삶을 귀중하게 여기며 아름다운 꿈을 설계하고 가꾸며 "젖은 낙엽이 아닌/ 향기 나는 낙엽이 되"는 일이라고 답이 나와 있다. 인간은 지난 세월을 어떻게 살았느냐에 따라 노년을 평가한다. 남은 생애를 어떻게 보내느냐에 따라 삶의 수준이 매우 달라진다. 불행은 노력하지 않아도 찾아오지만 행복은 노력없이는 오지 않는다. 텃밭을 가꾸듯 잘 가꾸어 나가야 한다. 자기관리는 축복이며 아름다운 노년의 길이다.

  바퀴가 닳도록 움직이지 않아도
  듣기 싫은 소리 듣지 않아도
  눈 감고 있어도 천리만리 다 보이고

  천둥소리
  폭풍이 휘몰아치는 소리
  다 잊어버리고

  가슴은 융단 같고
  마음은 온돌방처럼
  생각은 호수처럼

  먹고 싶은 것 있으면 먹고
  자고 싶으면 자고
  가고 싶은 곳 있으면 가고

  만나고 싶은 벗 있으면 만나고
  읽고 싶은 책 있으면 읽고
  도와줄 곳 있으면 도움 주고
  노을 위에 올라앉아
  시 한 수 섞어 한 잔 술 마시며
  옛 노래 찾으면
  마음은 하얀 구름 되어 둥실둥실

     - 「늙으면 천사가 되나」 전문

시의 제목이 '늙으면 천사가 되나'이다. 묻는 말이라기보다는 천사가 되어 보자는 의미에 가깝다. 우리 자신에게도 늙으면 천사가 되나, 하고 물어볼 일이다. 이번의 시에서도 역시 시의 내용 속에 답이 나와 있다. 늙어서 천사가 되는 길은 "가슴은 융단 같고 / 마음은 온돌방처럼/ 생각은 호수"처럼 되는 상태를 말한다. 인간의 노화老化는 그 어떤 의학으로도 막을 길이 없다. 그 노화를 아름답고 우아하게 바꾸려는 노력이 중요하다. 자신만의 천국을 찾기 위해서 나름의 노력이 따라야 한다는 말이다. 시대가 흐를수록 무릉도원의 개념도 시대에 따라 변천하기 마련이다.

현대에 들어서 청학동이나 무릉도원을 찾는 것은 고서古書에 등장하는 신선이 되기 위해서가 아니라 휴식과 힐링(healing)을 위해서이다. 속세를 벗어나 천사 혹은 신선이 될만한 장소에 몸과 마음을 맡기면 그의 경지에 도달했다는 느낌도 들겠다. 그러므로 신선의 현대적 의미를 힐링으로 볼 수도 있다. 복잡하고 혼돈이 가득한 속세를 잠시 벗어나 자신을 천국이나 무릉도원을 찾고자 하는 행위는 인간의 자연스러운 본성이다. "노을 위에 올라앉아 / 시 한 수 섞어 한 잔 술 마시며 /옛 노래 찾으면 마음은 하얀 구름 되어 둥실둥실," 이러한 상태가 바로 시의 화자인 김보웅 시인이 실천하고 누리고자 하는 천국天國이요 무릉도원 武陵桃源이다.

7. 結文

 김보웅 시인의 시집 어느 곳을 펼쳐보더라도 분수에 넘치는 삶의 자세나 태도를 언급한 적이 없다. 이것은 시인의 시뿐만 아니라 김보웅 시인의 실제 삶의 태도도 그러하리라 짐작한다. 김보웅 시인의 시는 안분지족安分知足의 세계에서 파생하는 소박한 웰빙(well-being)과 힐링(healing)의 의미를 동시에 소유한다. 문무文武를 겸비한 장군의 모습을 지녔으며, 일필휘지, 묵향墨香이 흐르는 공간 속에 아코디언을 연주하고 시 한 수 읊으며 술잔을 입술에 축이는 낭만적 보헤미안(Bohemian)의 정서를 포함한다. 거기에 더하여 타인을 배려하고 함께 나누고자 하는 공동체적 의식을 견지하고자 한다. 무소유까지는 아니더라도 이미 무리한 욕심을 내려놓은 상태이다.
 우리는 김보웅 시인의 시편들이 펼쳐 보이는 무릉도원武陵桃源의 일당이 되어 함께 기쁨을 노래하고 슬픔을 치유하는 행운을 누려보고자 한다.

눈 속의 바람꽃

초판인쇄 | 2024년 5월 28일
초판발행 | 2024년 6월 5일
지 은 이 | 김보웅
펴 낸 곳 | 빛남출판사
등록번호 | 제 2013-000008호
주　　소 | (49370)부산시 사하구 감천로21번길 54-6
　　　　　　 T.(051)441-7114　F.(051)244-7115
　　　　　　 E-mail:wmhyun@hanmail.net

ISBN　979-11-94030-02-7 (03810)

₩ 10,000